400 FRASES MÁS USADAS EN INGLES

PAOLA MEJÍA RAM
Copyright © 2020 Paola Mejía Ram
Todos los derechos reservados.
ISBN: 9798657326239

INTRODUCCIÓN

En tus manos dejo este increíble manual de frases para aprender inglés. Si de verdad quieres aprender te recomiendo que memorices cada frase, te guíes por nuestra famosa pronunciación escrita diseñada para hispanohablantes y para perfeccionar más tu pronunciación te regalamos el audiolibro. Para descargar el audiolibro debes desplazarte a la última página de este increíble Ebook donde encontraras el link para descargar el audio y poder escuchar las frases donde quiera que estés. Te deseo mucho éxito en tus estudios del idioma inglés y recuerda siempre repetir en voz alta hasta memorizar cada frase.

1- IS THAT ENOUGH?
(is dát inóf)
Es eso suficiente?

2- IT'S LONGER THAN 2 MILES
(its lónguer dán tu maels)
Es más de dos millas

3- I'VE BEEN HERE FOR TWO DAYS
(aif bíin jíar for tú déis)
He estado aquí desde hace dos días

4- YOU'RE VERY SMART
(iu-er very smárt)
Eres muy listo.

5- THIS IS VERY IMPORTANT
(dís is veri important)
Esto es muy importante

6- TRY IT
(trai-it)
Pruébalo

7- VERY GOOD, THANKS
(very gúud, ténks)
Muy bien, gracias

8- WE LIKE IT VERY MUCH
(ui-laik-it- very madch)
Nos gusto mucho.

9- WOULD YOU TAKE A MESSAGE PLEASE?
(uúuld iu téik a mesadch plíis)

Tomarías un mensaje por favor?

10- YOUR THINGS ARE ALL HERE
(iur zings ar óll jíiar)
Todas tus cosas están aquí

11- YOU´RE BEAUTIFUL
(iu-er biuriful)
Eres Bonita

12- I'M HUNGRY
(ám jóngry)
Tengo hambre

13 – **I'M MARRIED**
(ám mérid)
Estoy casado

14 – **I'M NOT MARRIED**
(ám not mérid)
No estoy casado

15- **I'M NOT READY YET**
(ám not rédi iet)
No estoy listo todavia

16- **I'M NOT SURE**
(ám not chúr)
No estoy seguro

16- I'M SORRY, WE'RE SOLD OUT
(*ám sorry, ui-er sold aut*)
Perdóname, pero no hay más hemos vendido todo

16- I'M THIRSTY
(*ám zérsty*)
Tengo sed

17- I'M VERY BUSY. I DON'T HAVE TIME NOW.
(*ám very bisi. Ai don't jad taim nao*)

Estoy muy ocupado. No tengo tiempo ahora

18- **I AM AMERICAN**
(ai-am –américan)
So soy Americano

19 – **I'M COLD**
(ám cold)
Tengo Frio

20 – **I'M GOING TO LEAVE**
(ám going tú líf)
Voy a irme

1-Never mind *(never maind)*
NO IMPORTA

2-that sounds great *(dat saunds greit)*
ESO SUENA GENIAL

3- What do you think? *(Uuat du iu zink)*
QUE PIENSAS?

4-Thanks so much *(tenks sou mach)*
MUCHAS GRACIAS

5-I really appreciate *(ai rily aprechieit)*
REALMENTE LO APRECIO

6-Where are you? *(ueer ar iu)*

400 FRASES MAS USADAS EN INGLÉS pagina 10

DONDE ESTAS?

7-What´s this? *(uuats dis)*
QUE ES ESTÓ?

8-What´s that? *(uaats dat)*
QUE ES ESO?

9-What´s the matter? *(uaats de marer)*
QUE PASA?

10-Are you sure? *(ar iu chur)*
ESTAS SEGURO?

11-Why not? *(uay nat)*
PORQUE NO?

12- What´s going on? *(uaats goin on)*

QUE OCURRE?

13- What´s happening? *(uaats japening)*
QUE ESTA PASANDO?

14-Congratulations! *(congratuleichons)*
FELICIDADES!

15-Good luck! *(guud luck)*
BUENA SUERTE!

16-Bad luck! *(bad luck)*
MALA SUERTE!

17-What a pity! *(uaat a piry)*
QUE LASTIMA!

18-happy easter! *(japy ister)*

FELICES PASCUAS

19- Happy valentine´s day! *(japy valentains dei)*
FELIZ DÍA DE SAN VALENTIN

20- I´m looking forward to it! *(Am luking forward tu it)*
LO ESPERO CON ILUSION

21-I´m in a good mood *(am in a guud muud)*
ESTOY DE BUEN HUMOR

22-I´m in a bad mood *(am in a bad muud)*
ESTOY DE MAL HUMOR

23-Long time, no see! *(long taim no sii)*

HACE TIEMPO QUE NO NOS VEMOS!

24-All the best *(oll de best)*
TODO LO MEJOR

25-I disagree *(ai disagrii)*
NO ESTOY DE ACUERDO

26-I agree *(ai agrii)*
ESTOY DE ACUERDOO

27-That´s true *(dats tru)*
ES VERDAD

28- That´s not true *(dats no true)*
ESO NO ES VERDAD

29-I think so *(ai zink sou)*
CREO QUE SI

30- I hope not *(ai joup nat)*
ESPERO QUE NO

31-You are wrong *(iu ar rong)*
NO TIENES RAZÓN

32- That´s interesting *(dats interesting)*
ES INTERESANDO

33- Let me know! *(let mi nou)*
DEJAME SABER!

34-Go ahead *(gou ajed)*
ADELANTE

35-Help yourself *(jelp iurself)*
SIRVETE TU MISMO

36- Don´t forget *(dont forguet)*
NO OLVIDES

37-Don´t worry *(dont uori)*
NO TE PREOCUPES

38-Shut up! *(chat ap)*
CÁLLATE

39- Please be quite *(plis bi kuaiet)*
PORFAVOR, ESTATE QUIETO

40- Take your time *(teik iur taim)*
TOMATE TU TIEMPO

41- Just a minute *(yost a minit)*
DAME UN MINUTO

42-One moment, please! *(uan moment, plis)*

UN MOMENTO, PORFAVOR

43- Hang on a minute *(jang on a minit)*
ESPERA UN MINUTO

44-Hand on a second *(jang on a second)*
ESPERA UN SEGUNDO

45-Hurry up! *(jury ap)*
RÁPIDO, APURATE

46-Let´s go! *(lets gou)*
VAMOS!

46- Could I have your attention, please? *(Cuuld ai jaf iur atenchon plis?*

PUEDO TENER SU ATENCION, PORFAVOR?

47- Please sit down *(plis sit daun)*
PORFAVOR, SIENTENSE

48-Come in! *(com in)*
ENTRE

49- That´s life! *(dats laif)*
ASÍ ES LA VIDA

50- That´s funny! *(dats fany)*
ESO ES DIVERTIDO

51- Bless you! *(bles iu)*
SALUD! Después de estornudo.

52- Sorry for the delay *(sori for de diley)*

400 FRASES MAS USADAS EN INGLÉS pagina 18

PERDÓN POR LA TARDANZA

53-Sorry to keep you waiting *(sori tu kiip iu ueirin)*
PERDÓN POR HACERTE ESPERAR

54- Sorry i´m late *(sori am leit)*
PERDÓN POR LLEGAR TARDE

55- I´m really sorry *(am rily sori)*
LO SIENTO MUCHO

56- Thanks for *everything (tenks for ebrizing)*
GRACIAS POR TODO

57-I don´t like…*(ai dont laik..)*
NO ME GUSTA

58-Not bad (not bad)

NO ESTA MAL

59- Me too *(mi tuu)*
YO TAMBIÉN

60-Same to you! *(seim tu iu)*
LO MISMO TE DIGO,
IGUALMENTE PARA TI

61-Sleep well *(esliip uel)*
QUE DUERMAS BIEN

61-I´m going out *(am goin aut)*
VOY A SALIR

62- I´m in a hurry *(am in a jurri)*
TENGO PRISA

63-Its not worth it *(it's not uorz it)*
NO VALE LA PENA

400 FRASES MAS USADAS EN INGLÉS pagina 20

64- It´s not serious (its not sirios)
NO ES NADA SERIO

65- It´s not important *(its not important)*
NO ES IMPORTANTE

66- It doesn´t matter *(it dasent marer)*
NO IMPORTA

67- That´s enough *(dats inof)*
ES SUFICIENTE

68- As soon as possible *(as suun as posibel)*
TAN PRONTO COMO SEA POSIBLE

69- Definitely *(definitli)*
DEFINITIVAMENTE, SEGURO

70- Certainly *(certeinly)*
SEGURAMENTE, DESDE LUEGO

71- Sure *(chur)*
CLARO

72- That´s right *(dats rait)*
ES VERDAD

73- That´s fine *(dats fain)*
ESTÁ BIEN

74- Of course not *(of cours nat)*
POR SUPUESTO QUE NO

75- I understand you very well *(ai anderstand iu very uel)*

LO COMPRENDO MUY BIEN

76- Have a nice day! *(jaf a nais dei)*
QUE TENGA UN BUEN DÍA!1

77- I understand perfectly *(ai anderstand perfectly)*
LO COMPRENDO PERFECTAMENTE

78-What did you say? *(uaat did iu sei)*
QUE DIJO USTED?

79- I am very glad to meet you *(ai am very glad tu miit iu)*
MUCHO GUSTO EN CONOCERLO (LA)

80- HOW HAVE YOU BEE? *(jao jaf iu biiin)*
COMO HAZ ESTADO?

81-My name is *martin (mai neim is martin)*
ME LLAM MARTÍN

82- I only speak a little English *(ai only ispiik a lirel inglish)*
SOLAMENTE HABLO UN POCO DE INGLES

83- How are you? *(jao ar iu)*
COMO ESTAS?

84- Do you speak Spanish? *(du iu ispiik espanish)*
HABLAS ESPAÑOL?

85- Please call me *(plis col me)*
PORFAVOR, LLAMAME

86- What time is our meeting? *(uuat taim is auer miirin)*
A QUE HORA ES NUESTRA REUNION?

87- How can i help you? *(jao ken ai jelp iu?*
COMO PUEDO AYUDARLE?

88- Do you have Facebook? *(du iu jaf feisbuuk)*
TIENES FACEBOOK?

89- What´s your phone number? *(uats iur fon number)*
CUAL ES TU NÚMERO DE TELÉFONO?

90- What do you do? *(uuat du iu du)*
A QUE TE DEDICAS?

91- Where are you from? *(ueer ar iu from)*
DE DÓNDE ERES?

92- Nice to meet you? *(nais tu miit iu)*
GUSTO EN CONOCERTE?

93- Nice to meet you *(nais tu miit iu)*
GUSTO EN CONOCERTE

94- Could you repeat that please? *(cuuld iu ripeet dat plis)*
PODRIAS REPETIRLO PORFAVOR?

95- I don't understand *(ai dont anderstand)*
NO ENTIENDO

96- I´m learning English *(am lerning inglish)*
ESTOY APRENDIENDO INGLES

97-I´m sorry *(am sori)*
LO SIENTO/ PERSON

98- I don't mind *(ai dont maind)*
NO ME IMPORTA

99-Where do you live? *(ueer du iu lif)*
DONDE VIVES

100- How old are you? *(jao old ar iu)*
COMO ESTAS?

SALUDOS
GREETINGS *(griirings)*

101- Hello *(jelou)*
HOLA

102- Hi *(jelou)*
HOLA –informal-

103-Good afternoon *(guud afternuun)*
BUENAS TARDES

104- Good evening *(guud ifning)*
BUENAS NOCHES

105- Good night *(guud nait)*
BUENAS NOCHES –cuando uno se va-

106- How is it going? *(jao is it goin)*
COMO VA TODO?

-usamos good night para despedirnos en la noche-

DESPEDIDAS
GOODBYES *(guud bais)*

107- Goodbye *(guud bai)*
ADIÓS

108- See you soon *(sii iu suun)*
NOS VEMOS PRONTO

109- See you later *(sii iu leirer)*
NOS VEMOS DESPUES

110- Until next time *(antil nex taim)*
HASTA LA PROXIMA

111- See you tomorrow *(sii iu tomorou)*
NOS VEMOS MAÑANA

---

400 FRASES MAS USADAS EN INGLÉS pagina 30

112- See you next week *(sii iu nex wiik)*
NOS VEMOS LA PROXIMA SEMANA

COMO CONTESTAR A –HOW ARE YOU?

113-It´s going well *(its going uel)*
VA BIEN

114- Everything is going well *(ebrizing is goin uel)*
TODO VA BIEN

115- I´m fine, thank you *(am fain tenk iu)*
ESTOY BIEN, GRACIAS

116- I´m very well *(am very uel)*
ESTOY MUY BIEN

117- I´m not doing very well *(am nat duin very uel)*
NO ME ESTA HIENDO MUY BIEN

118- I´m so-so (am sou-sou)
ESTOY MAS O MENOS

OTRAS FRASES BASICAS

119- What´s your name? *(uaats iur neim)*
CUAL ES TU NOMBRE?

120- My name is Mary *(mai neim is mery)*
MI NOMBRE ES MARIA

121- What´s your last name? *(uaats iur last neim)*
CUAL ES TU APELLIDO

122- My last name is Perez. *(mai last neim is Perez)*
MI APELLIDO ES PEREZ

123- It´s a pleasure to meet *you (its a plechur tu miit iu)*
ES UN PLACER CONOCERLA

124- What country are you from? *(uaat contri ar iu from)*
DE QUE PAÍS ERES?

125- I´m from México. *(am from meksico)*
SOY DE MEXICO.

FRASES INDISPENSABLES

126- Help! *(jelp)*
AYUDA

127- Please *(plis)*
PORFAVOR

128- Excuse me *(exkiusmi)*
DISCULPE

129- Its nothing *(its nazing)*
NO ES NADA

130- Information *(informeichon)*
INFORMACION

400 FRASES MAS USADAS EN INGLÉS pagina 34

131- Police *(polis)*
POLICIA

132- Emergency *(emeryénci)*
(EMERGENCIA)

MAS FRASES USUALES

133- Where is the hotel *(ueer is de jotel)*
DONDE ESTA EL HOTEL?

134- May I help you? *(mei ai jelp iu)*
PUEDO AYUDARLE?

135- Where are you going? *(ueer ar iu goin)*
A DONDE VAS?

136- I don't know *(ai dont nou)*
NO LO SE

137- I need some information *(ai niid som informeichon)*
NECESITO INFORMACION

138- What do you need? *(uaat du iu niid)*
QUE NECESITAS?

139- I´m lost *(am lost)*
ESTOY PERDIDO

140- Who is that man? *(jú is dat man)*
QUIEN ES ESE HOMBRE?

141-He is the manager *(jí is de maneyer)*
EL ES EL GENERENTE

142- What are you doing? *(uaat ar iu duin)*
QUE ESTAS HACIENDO?

143- Where is the ATM? *(ueer is de ei-ti-em)*
DONDE ESTA EL CAJERO?

144- What do you want? *(uaat du iu uant)*
QUE QUIERES?

145- I want to eat *(ai uant tu iit)*
QUIERO COMER?

146- Where are you going? *(ueer ar iu going)*
A DONDE VAS?

147- I am going to my house *(ai am goin tu mai jaus)*
VOY A MI CASA

148- Where are the tickets? *(ueer ar de tikets)*
DONDE ESTAN LOS TICKETS?

149- When do we leave? *(ueen du ui lif)*
CUANDO NOS VAMOS?

150- It cost 30 pesos *(it cost 30 pesos)*
CUESTA 30 PESOS

152- I have 2 cars *(ai jaf 2 cars)*
TENDO 2 CARROS

153-What time is it? *(uaat taim is it)*
QUE HORA ES?

154- Its late *(its leit)*
ES TARDE

155-It's early *(its erli)*
ES TEMPRANO

156- It´s noon *(its nuun)*
ES MEDIO DIA

157- What day is it? *(uaat dei is it)*
QUE DIA ES HOY?

158- Its Friday *(its fraidei)*
ES VIERNES

159- What´s the date? *(uaats de deit)*
QUE FECHA ES HOY?

160- Its December 3 *(its dicember 3)*
ES EL 3 DE DICIEMBRE

161- Can you show me where that is?
(ken iu chow mi ueer dat is)
ME PUEDES ENSEÑAR DONDE ESO ES?

162- I am going to *read (ai am goin tu riid)*
VOY A LEER

163- I´m not waiting *(am nat ueirin)*
NO ESTOY ESPERANDO

164- He isn't working *(jí isent uorking)*
EL NO ESTA TRABAJANDO

165- She can´t swim *(shi kent suim)*
ELLA NO PUEDE NADAR

166- I don't like milk *(ai dont laik milk)*
NO ME GUSTA LA LECHE

167- You don´t understand *(iu dont anderstand)*
TU NO ENTIENDES

168- Under the table
(ander de teibel)
DEBAJO DE LA MESA

169- Behind the bed
(bijain de bed)
DETRAS DE LA CAMA

170- near the airport
(niar de eerport)
CERCA DEL AEROPUERTO

171- On the table
(on de teibel)
SOBRE LA MESA

172- In the cabinet
(in de cabinet)
EN EL GABINETE

173- Inside the house
(insaid de jaus)
DENTRO DE LA CASA

174- What´s the weather like?
(uaats de ueder laik)
COMO ESTA EL CLIMA?

175- I´m going home
(am goin joum)
ME VOY A CASA

176- You look pretty
(iu luuk preri)
TE VES LINDA

177- That seat is taken
(dat siit is teiken)

ESE ASIENTO ESTA TOMADO/OCUPADO

178- The restroom is there
(de restruum is der)
EL BAÑO ESTA AHÍ

179- How do I get to the office?
(jao du ai guet tu de ofis)
COMO LLEGO A LA OFICINA?

180- Where is the meeting? *(ueer is de miirin)* **DONDE ES LA REUNION?**

181- What time does the restaurant close? *(uaat taim das de restorant clous)*
A QUE HORA CIERRA EL RESTAURANTE?

182- May i borrow a pen? *(mei ai borou a pen)*
ME PRESTAS UN LAPIZ?

183- The printer isn't working *(de printer isent uorking?*
LA IMPRESORA NO ESTA FUNCIONANDO

184- Send me an email *(sent mi an imel)*
ENVIAME UN CORREO

185- I like wine *(ai laik uain)*
ME GUSTA EL VINO

186- Do you like beer? *(du iu laik biir)*

TE GUSTA LA CERVEZA?

187- Do you drink? *(du iu drink)*
Te gusta beber?

188- I love my family *(ai lof mai family)*
AMO MI FAMILIA

189- Do you go to the beach *(du iu gou tu de bich)*
VAS A LA PLAYA?

190- What is your favorite hobby? *(uaat is iur feivorit jobi)*
CUAL ES TU PASATIEMPO FAVORITO?

191- My favorite hobby is to go to the beach.

(mai feivorit jobi is tu gou tu de bich)
MI PASATIEMPO FAVORITO ES IR A LA PLAYA.

192- Do you like to play tennis?
(du iu laik tu plei tenis)
TE GUSTA JUGAR TENIS?

193- What music do you like?
(uaat miusik du iu laik)
QUE MUSICA TE GUSTA?

194- How do I get to the school?
(jao du ai guet tu de escuul)
COMO LLEGO A LA ESCUELA?

195- How many children do you have?

(jao meny children du iu jaf)
CUANTOS HIJOS TIENES?

196- I am in love *(ai am in lof)*
ESTOY ENAMORADO /A

197- I like your sister *(ai laik iur sister)*
ME GUSTA TU HERMANA

198- I don't like to work *(ai dont laik tu uork)*
NO ME GUSTA TRABAJAR

199- I like music *(ai laik miusik)*
ME GUSTA LA MUSICA

200- I am a doctor *(ai am a doctor)*
SOY DOCTOR

201- You´r welcome *(iuer uelcom)*
De nada

202- Please help me! *(plis jelp mi)*
PORFAVOR AYUDAME

203- I need help *(ai niid jelp)*
NECESITO AYUDA

204- I am hungry *(ai am jongri)*
TENGO HAMBRE

205- I would like some water *(ai uuld laik som uarer)*
ME GUSTARIA TOMAR AGUA

206- What is today´s special?
(uaat is todeis espechial)
CUAL ES EL ESPECIAL DE HOY?

207- What music do you like?
(uaat miusik du iu laik)
QUE MUSICA TE GUSTA?

208- I need to speak to the police
(ai niid tu ispiik tu de polis)
NECESITO HABLAR CON LA POLICIA

209- What rooms do you have available?
(uaat ruums du iu jaf aveilabel)
QUE HABITACIONES TIENEN DISPONIBLE?

210- How much is it?
(jao much is it)
CUANTO CUESTA?

211- How much is this blouse?
(jao much is dis blaus)
CUANTO CUESTA ESTA BLUSA?

212- Can I pay cash or credit?
(ken ai pei cash or credit)
PUEDO PAGAR EFECTIVO O TARJETA

213- By all means *(bai oll mins)*
POR TODOS LOS MEDIOS

214- I´m cold *(am cold)*
TENGO FRIO

215- Its hot *(its jot)*

HACE CALOR

216- Its cloudy *(its claudi)*
ESTA NUBLADO

217- its snowing *(its esnouin)*
ESTA NEVANDO

218- it is raining *(it is reinin)*
ESTA LLOVIENDO

219- It was raining *(it was reinin)*
ESTABA LLOVIENDO

220- It is very cold *(it is very cold)*
ESTA MUY FRIO

221- The weather is bad *(de ueder is bad)*
EL TIEMPO ESTA MALO

222- The weather is good *(de ueder is guud)*
EL TIEMPO ESTA BUENO

223- I have a pain in my *neck (ai jaf a pein in mai neck)*
TENGO UN DOLOR EN EL CUELLO

224- This is my book *(dis is mai buuk)*
ESTE ES MI LIBRO

225- This book mi mine *(dis buuk is main)*
ESTE LIBRO ES MIO

226- Give me my money *(guif mi mai mony)*
DAME MI DINERO

227- I don´t have money *(ai dont jaf mony)*
NO TENGO DINERO

228- The most beautiful *(di most biuriful)*
EL MAS HERMOSO

229- The most *different (di most diferent)*
EL MAS DIFERENTE

230- Who said that? *(jú seid dat)*
QUIEN DIJO ESO?

231- Who are you? *(jú ar iu)*
QUIEN ERES TU?

232- Where is my hat? *(ueer is mai jat)*
DONDE ESTA MI SOMBRERO

233- What a good idea! *(uaat a guud aidia)*
QUE BUENA IDEA

234- What a beautiful *flower (uaat a biuriful flauer)*
QUE FLOR MAS BELLA

235- How is your father? *(jao is iur fader)*
COMO ESTA TU PADRE?

236- How tall are you? *(jao tol ar iu)*
QUE ALTURA TIENE USTED?

237- How old is your son? *(jao old is iur san)*
QUE EDAD TIENE SU HIJO?

238- There is no wáter *(der is no uorer)*
NO HAY AGUA

239- There is no work for me *(der is no uork for mi)*
NO HAY TRABAJO PARA MI

240- There is no food for him *(der is no fuud for jim)*
NO HAY COMIDA PARA EL

241- There is water in the bath *(der is uorer in de baz)*
HAY AGUA EN EL BAÑO

242- There was a letter for you *(der uos a lerer for iu)*
HABIA UNA CARTA PARA TI

243- There was no sugar *(der uos no chugar)*
NO HABIA AZUCAR

244- Where are you going? *(Ueer ar iu goin)*
A DONDE VAS?

245- What do you think? *(uaat du iu zink)*
QUE PIENSAS?

246- I think is good *(ai zink is guud)*
PIENSO QUE ESTA BIEN

247- I believe in love *(ai bilif in lof)*
CREO EN EL AMOR

248- I dont think so *(ai dont zink sou)*
NO CREO

248- I cant go *(ai kent gou)*
NO PUEDO IR

249- I cant go with you *(ai kent gou uiz iu)*
NO PUEDO IR CONTIGO

250- I cant believe it *(ai kent bilif it)*
NO PUEDO CREERLO

251- I cant do that *(ai kent du dat)*
NO PUEDO HACER ESO

252- Can I talk to you? *(ken ai tok tu iu)*

PUEDO HABLAR CONTIGO

253- How was your day? *(jao uos iur dei?)*
COMO ESTUVO TU DIA?

253- Where is my coat? *(ueer is mai cout)*
DONDE ESTA MI ABRIGO?

254- Do you have a car? (du iu jaf a car)
TIENES UN AUTO?

255- Come tomorrow (com tomorou)
VENGA MAÑANA

256- I Came yesterday *(ai keim iesterdei)*
VINE AYER

257- I will take a bath *(ai uil teik a baz)*
YO TOMARE UN BAÑO

258- Give me my *book (guif mi mai buuk)*
DAME MI LIBRO

259- My son is very ill *(mai san is very il)*
MI HIJO ESTA MUY ENFERMO

260- To be or not to be *(tu bi or nat to bi)*
SER O NO SER

261- Be a good boy *(bi a guud boi)*
SEA UN BUEN NIÑO

262- I have gone there *(ai jaf gon der)*
YO HE IDO ALLA

263- Your are wrong *(iu ar ron)*
USTED ESTA EQUIVOCADO

264- I went to your house *(ai uent tu iur jaus)*
YO FUI A TU CASA

265- The sky is blue *(de eskai is blu)*
EL CIELO ES AZUL

266- This road is new *(dis roud is niu)*
ESTE CAMINO ES NUEVO

267- We are in a safe place *(ui ar in a seif pleis)*
ESTAMOS EN UN LUGAR SEGURO

268- You have no right to say that
(iu jaf no rait tu sei dat)
NO TIENES DERECHO A DECIR ESO

269- Take your time *(teik iur taim)*
TOMATE TU TIEMPO

270- We are learning English *(ui ar lerning inglish)*
ESTAMOS APRENDIENDO INGLES

271-I have a pain in my leg *(ai jaf a pein in mai leg)*
TENGO UN DOLOR EN MI PIERNA

278- He Works hard *(jí uorks jard)*
EL TRABAJA DURO

279- I am an English teacher *(ai am an inglish ticher)*
SOY PROFESOR DE INGLES

280- I have good news for you *(ai jaf guud nius for iu)*
TENGO BUENAS NOTICIAS PARA TI

281- Do me a favor *(du mi a feivor)*
HAZME UN FAVOR

282- Your new car is ready *(iur niu car is redi)*
TU NUEVO CARRO ESTA LISTO

283-She has a new hat *(chi jas a niu jat)*
ELLA TIENE UN NUEVO SOMBRERO

284- You are very kind *(iu ar very kaind)*
ERES MUY AMABLE

285- It is a beautiful day *(it is a biuriful dei)*
ES UN HERMOSO DIA

286- She is a good person *(chi is a guud person)*

ELLA ES UNA BUENA PERSONA

287- You look beautiful *(iu luuk biuriful)*
TE VEZ HERMOSA

288- I don't have time *(ai dont jaf taim)*
NO TENGO TIEMPO

289- I miss you *(ai mis iu)*
TE EXTRAÑO

290- I want to see you *(ai uant tu sii iu)*
QUIERO VERTE

291- Come early tomorrow *(com erly tumorou)*
VENGA TEMPRANO MAÑANA

292- It was nice *(it uos nais)*
FUE LINDO

293- Its good to know (*its guud tu nou*)
ES BUENO SABER

294- What did you do? *(uaat did iu du)*
QUE HIZISTE?

295- Where is my key? (ueer is mai ki)
DONDE ESTA MI LLAVE?

296- Take care *(teik ker)*
CUIDATE

297- Happy holidays *(japi jolideis)*

400 FRASES MAS USADAS EN INGLÉS pagina 66

FELICES FIESTA

298 – I'M HAPPY
(ám japi)
Estoy feliz

299 – I WILL PAY
(ai-uil péy)
Yo pagaré

300 – I WILL TAKE IT
(ai- uil téik – it)
Yo lo tomaré

301 – I WILL TAKE YOU TO THE BUS STOP
(ai-uil téik iu to de bus stop)
Te llevaré a la parada de autobuses

302 – I'D LIKE TO GO FOR A WALK
(aid-láik tu góu for a wok)
Me gustaria dar un paseo

303 – IF YOU NEED MY HELP, PLEASE LET ME KNOW
(if iu niid mai jelp, pliis let me nou)
Si necesitas mi ayuda, dimelo

304 – I WILL COME BACK LATER
(ai-uil com back leirer)
Volveré mas tarde

305 – I THINK IT'S VERY GOOD
(ai zink its very gúud)
Pienso que es muy bueno

306 – I LIKE HER

(ai –láik jer)
Me gusta Ella

307- I LOST MY WATCH
(ai-lost mai watch)
Perdi mi reloj

308 – I NEED TO CHANGE CLOTHES
(ai níid tu chéinch clouz)
Necesito cambiar de ropa

309 – I GET OFF OF WORK AT 6
(ai –guet off of uork at six)
Salgo del trabajo a las seis

310 – I HAVE A HEADACHE
(ai jáf a jedeik)
Tengo un dolor de cabeza

311 – I KNOW
(ai nóu)
Lo se

312 – I DON'T WANT TO BOTHER YOU
(ai-don't uánt tu boder iu)
No te quiero molestar

313 – I DON'T WANT IT
(ai don't uant –it)
No lo quiero

314 – I DON'T KNOW HOW TO USE IT
(ai don't nou jáo tú ius-it)
No se Como se usa

315 – I DON'T LIKE HIM
(ai don't láik jím)

Él no me cae bien/ él no me gusta

316 – I DON'T LIKE IT
(ai –dont láik-it)
No me gusta

317 – I ATE ALREADY
(ai-eit alredy)
Ya comí

318 – I CAN'T HEAR YOU
(ai kent jear)
No puedo escucharte

319 – LET ME THINK ABOUT IT
(let mi zínk abaurit)
(dejame pensarlo

320 – LET'S PRACTICE ENGLISH
(lets practis inglish)

Vamos a practicar ingles

321 – I HAVE NEVER SEEN THAT BEFORE
(ai jaf never siin dát bífor)
Nunca he visto eso antes

322- JUST A LITTLE
(jóst a lirel)
Solo un poco

323 – NEXT TIME
(nex taim)
La próxima vez

324 – NO RECENTLY
(no recently)
No recientemente

325 – OF COURSE

(ofcurs)
Claro

326 – REALLY?
(riily)
De verdad

327 – RIGHT THERE
(ráit- dér)
Allí mismo

328 – TAKE A CHANCE
(téik a chans)
Toma un riesgo

329 – TELL ME
(tell-mi)
Dime

330 – THANK YOU MISS

(tenk-iu mis)
Gracias señora

331 – THANKS FOR EVERYTHING
(ténks for ebrizin)
Gracias por todo

332 – THAT SMELLS BAD
(dát smél bad)
Eso huelo mal

333 – THAT LOOKS GREAT
(dát lúuks gréit)
Eso se ve genial

334 – THANKS FOR YOUR HELP
(ténks for iur jelp)
Gracias por su ayuda

335 – THAT'S IT

(dáts-it)
Eso es todo

336 – THAT'S TOO MANY
(dáts tuu meni)
Eso es demaciado

337 – THE BOOK IS UNDER THE TABLE
(de búuk is under dé téibel)
El libro esta debajo de la mesa

338 – THEY WILL BE RIGHT BACK
(déi uil bi rait bak)
Volveran en seguida

339 – THEY ARE VERY BUSY
(déi ar very bisi)
Ellos estan muy ocupados

340 – THIS DOESN'T WORK
(dís dasent uork)
Esto no funciona

341 – THIS IS VERY DIFFICULT
(dís-is very difficult)
Esto es muy dificil

342 – TRY IT
(trai-it)
Pruebalo

343 – WE LIKE IT VERY MUCH
Nos gusta mucho

344- YOUR THINGS ARE HERE
(iur zings ar jiar)
Tus cosas estan aqui

345 – I ONLY WANT A SNACK

(ai-only uant a snack)
Solo quiero una merienda

346 – HE IS VERY FAMOUS
(ji-is very feimous)
El es muy famoso

347- HE IS COMING SOON
(ji-is coming suun)
EL VIENE PRONTO

348 – HE IS VERY ANNOYING
(ji-is very anoing)
El es muy molestoso

349 – CAN YOU TRANSLATE THIS FOR ME
(ken-iu transleit dís for mi)
Puedes traducer esto para mi?

350 – EVERYONE KNOWS IT
(ebriuan nous-it)
Todo el mundo lo sabe

351 – ARE YOU FREE?
(ar-iu frii)
Estas libre

352 – YES, I'M FREE
(yes, ám frii)
Sí, estoy libre

353- WHAT ARE YOU STUDYING?
(uáat ar-iu studing)
Que estas estudiando

354 – HOW IS YOUR FAMILY?
(jao-is-iur family)
Como esta tu familia

355 – CALL ME
(ców mi)
Llámame

356 – I WILL CALL YOU
(ai-uil-cóll-iu)
Te llamaré

357 – LET'S GO OUT
(lets góu-aut)
Vamos a salir

358- I WANT MORE
(ai-uant –mor)
Quiero más

359- THANKS FOR THE FOOD
(ténks for de fuud)
Gracias por la comida

360- COME HERE
(cóm jiar)
Ven aquí

361- HOW DO YOU SAY IN ENGLISH
(jáo –du –iu-sei-in-inglish)
Cómo se dice en ingles

362- WHAT DO YOU WANT TO DRINK?
(uát- du-iu –uant –tu drínk)
Que quieres beber

363- WHAT DID YOU DO TODAY?
(uat-did-iu-du-tudei)
Qué hiciste hoy

364 – WHAT DID YOU DO YESTERDAY?

(uát-did –iu-du-yesterdei)
Qué hiciste ayer

365 – WHAT DID YOU DO THIS MORNING?
(uát did you du-dís-morning)
Qué hiciste esta mañana?

366- WHAT ARE YOU SAYING?
(uát –ar-iu-seyin)
Qué estas diciendo?

367- I LIKE IT
(ai-laik-it)
Me gusta

368 – WHAT DAY IS TODAY?
(uát déi –is tudei)
Qué dia es hoy?

369- TODAY IS MONDAY
(tudei-is-mondei)
Hoy es lunes

370- DO YOU WANT SOME?
(dú-iu-uant –som)
Quieres un poco

371- HOW COOL!
(jáo-cuul)
Que genial!

372 – GOOD JOB
(guud –yob)
Buen trabajo

373 – I NEED TO GO
(ai-niid-tu-gou)
Me tengo que ir

374- IT'S A PLEASURE
(its-a-plechur)
Es un placer

375 – LONG TIME NO SEE
(long-taim-no – sii)
MUCHO TIEMPO SIN VERTE

376- GET WELL SOON
(guet-uel-suun)
Qué te mejores pronto

377- WHO?
(júu)
Quién?

378- WHÉN?
(uéen)
Cuándo ?

379- WHERE?
(uéer)
Dónde?

380 – WHY?
(uay)
Por qué?

381- I LIKE YOU
(ai-laik-iu)
Me gustas

382- WHO DO YOU LIKE?
(júu du-iu-láik)
Quién te gusta?

383- CAN YOU BELIEVE IT?
(júu- du-iu-láik-it)
PUEDES CREER?

384 – IT'S A RAINY DAY
(its-a-reini-déi)
Es un día lluvioso

385- IT'S RAINING
(its-reining)
Está lloviendo

386- COME IN
(cóm-in)
Entre/adelante

387- PRACTICE MAKES PERFECT
(práctis-méiks-perfet)
La práctica hace la perfección

388 – WHO IS HIM?
(júu-is-jim)
Quién es el

389- HE IS MY BROTHER?
(jíi-is-mai-broder)
El es mi hermano

390- ALMOST ALWAYS
(almost –ol-ueis)
Casi siempre

391- SOMETIMES
(somtaims)
Aveces

392- ALMOST NEVER
(olmost never)
Casi nunca

393- ONCE IN A WHILE
(uans-in-a –uail)
De vez en cuando

394- KEEP IN TOUCH
(kíip-in-toch)
Estamos en contacto

394- ON MY WAY
(on-mai-uei)
Estoy de camino

395 – I OWE YOU ONE
(ai-ou-iu-uan)
Te debo una

396 – THE DAY AFTER
(dé –déi-after)
El día siguiente

397- LAST MONTH
(last-monz)
El mes pasado

398- NEXT FRIDAY
(nex-fraidei)
El viernes que viene

399 – THE DAY BEFORE YESTERDAY
(dé- déi-bifor-yesterdei)
El día antes de ayer

400- THIS WEEK
(dís-uíik)
Esta semana

Instrucciones de descarga audiolibro GRATIS

Para descargar el audio gratis de este ebook-libro debes dar clic en la letra azul y automáticamente se descargara si tienes algún inconveniente descargando el archivo escribirnos un correo al audiolibroscenter@gmail.com

Si usted compro este libro en físico y quiere su audiolibro gratis debe escribirnos un correo solicitándolo al correo audiolibroscenter@gmail.com y le enviaremos su audiolibro.

[400 FRASES MAS USADAS EN INGLES 1-100 frases.mp3](#)

[400 FRASES MAS USADAS EN INGLES FRASES 100-200.mp3](#)

[400 FRASES MAS USADAS EN INGLES FRASES 200-300.mp3](#)

[400 FRASES MAS USADAS EN INGLES 300-400 FRASES.mp3](#)

CLIC EN LAS LETRAS AZUL DE ARRIVA PARA INICIAR LA DESCARGA!

Si compro este libro físico y necesita su audiolibro gratis porfavor solicitarlo en este correo
audiolibroscenter@gmail.com

400 FRASES MAS USADAS EN INGLÉS pagina 91

Manufactured by Amazon.ca
Bolton, ON